HEYNE MINI

Abbildung eines Teezweiges aus »Tea Tree« von John Coakley Lettson. Ca. 1799.

MARTINA KOCH

Das kleine Buch vom TEE

Originalausgabe

WILHELM HEYNE VERLAG
MÜNCHEN

Heyne MINI Nr. 33/1222

11. Auflage

Printed in Germany 1996
Gesamtredaktion: Elisabeth Blay
Umschlaggestaltung:
Atelier Ingrid Schütz, München
Umschlagfoto:
Jo Fischer, Rechtmehring
Innenfotos:
Paul Schrader & Co., Bremen,
Dieter Lidl (S. 32/33)
Satz: Fotosatz Völkl, Puchheim

ISBN 3-453-06294-9

Inhalt

Im Tee steckt die Weisheit Asiens

Am Anfang steht eine Legende: Ein chinesischer Kaiser, Shen Nung, macht Rast auf einem seiner Jagdausflüge. Wasser wird in einem offenen Kessel zum Kochen gebracht. Blätter von einem Baum, von dem der Kessel herunterhängt, fallen ins sprudelnde Wasser. Es färbt sich golden und verströmt einen so aromatischen Duft, daß Shen Nung die Mixtur probiert. Der Kaiser, müde nach einem langen Tag der Jagd, fühlt sich seltsam erfrischt, angeregt. Der Tee ist »erfunden«. Wir schreiben das Jahr 2737 v. Chr.

Der Tee, der Liebling der »Weisen und Engländer«, ist so etwas wie der Aristokrat unter den Getränken und eine der ältesten »Entdeckungen« der Menschheit. Manche glauben, es hätte ihn in China schon 4000 Jahre vor Christus gegeben – aber sein Ursprung bleibt unbekannt. Daß er aus China stammt, ist unbestritten: Tee ist etwas Asiatisches, Fernöstliches. Den wichtigsten Beitrag zum fernöstlichen Denken liefert der Taoismus. Der Taoismus macht keinen Unterschied zwischen »kleinen« und »großen« Dingen: Sein Ideal ist die Anschauung, daß Großes in den kleinsten Dingen des Lebens ist.

Lu Yu, ein chinesischer Dichter, ist der erste Verkünder des Tee-Kults. Als er im Jahr 804 n. Chr. starb, hinterließ er ein großes Werk über den Tee, das erste bekannte Teebuch der Welt überhaupt. Er nannte es *Ch'a Ching,* was soviel heißt wie *Die Heilige Schrift vom Tee.*

Die ersten Kapitel behandeln technische Fragen wie die Herkunft der Teepflanze, das Sammeln und Auslesen der Teeblätter. In Lu Yus poetischer Umschreibung haben jene Teeblätter die beste Qualität, *»die faltig sind wie die ledernen Schuhe der Tataren-Reiter, sich locken wie das Fell eines mächtigen Büffels …*

und sich feucht und weich anfühlen, wie Erde nach einem erfrischenden Regen«.

Ein weiteres Kapitel widmet Lu Yu den für die Teezubereitung notwendigen Utensilien – er kommt auf ganze 25. Blau ist in seinen Augen die ideale Farbe für die Teetasse.

Im fünften Kapitel des Buches befaßt er sich dann mit der Zubereitung des Tees und verurteilt all jene bisher gebrauchten Zusätze. Er empfiehlt, nur noch das Salz beizubehalten. Lange läßt er sich über die Frage des Wassers aus, eine Frage, die bis heute die

Rösten des Tees auf offenem Feuer. Chinesisches Aquarell um 1830.

Gemüter vieler Teetrinker bewegt. Bei Lu Yu gibt es drei Stadien, drei Hitzegrade des Kochens: Im ersten perlt das Wasser ganz leicht, *»wie die Augen von Fischen, die unter der Wasseroberfläche schwimmen«* – in diesem Stadium wird das Salz beigefügt.
Das zweite Stadium ist erreicht, wenn die *»Blasen wie Perlen aus Kristall«* sind – jetzt wird der Tee ins Wasser gegeben.
Im dritten Stadium – *»wenn die Wogen wild im Kessel schäumen«* – gießt man einen Schuß kaltes Wasser zu, um *»dem Wasser seine Jugend zurückzugeben«*. Dann wird das Getränk umgegossen und getrunken.

Es war einmal: Ein Streifzug durch die Geschichte des Tees

Nur an wenigen Dingen des alltäglichen Lebens fasziniert uns das geschichtliche Umfeld so sehr wie beim Tee. Die Geschichte seiner Entdeckung verliert sich in der Dunkelheit der Jahrhunderte, um als Legende von Generation zu Generation überliefert zu werden.

Tee in China und Japan

Tee, in China einst als Heilmittel erkannt und gebraucht und vorerst eine kaiserliche exklusive

Angelegenheit, wurde im Lauf der Zeit zum beliebtesten Getränk. Schon lange vor unserer Zeitrechnung war der Tee in China bekannt. Aufgrund seiner Zubereitung – die Blätter wurden gesammelt, getrocknet, in einem Mörser zerstoßen und zu einer Art Kuchenteig geformt, der dann gekocht und als dicke Brühe getrunken wurde – schmeckte er aber so bitter, daß er nicht ohne Ingredienzen wie Orangenschalen, Salz oder verschiedene andere Gewürze zu genießen war. Nachdem die Chinesen Mittel gefunden hatten, die Teepflanze zu kultivieren und die Zubereitung zu verfeinern, war der Tee im

8. Jahrhundert n. Chr. in China bereits ein Volksgetränk.
In Japan wurde die Teezeremonie zum religiösen Kult, und die Geschichte erzählt, daß 951 die Pest in Japan mit Tee bekämpft wurde. Doch auf die Japaner sind die Chinesen – zumindest in Sachen Tee – nicht gut zu sprechen. Bis heute ist nämlich nicht ganz geklärt, wie im Jahre 800 einige Teepflanzen aus China nach Japan kommen konnten. Freiwillig haben sie die Chinesen bestimmt nicht herausgegeben. Japanischer Überlieferung zufolge sollen zwei buddhistische Mönche die Pflan-

Seite 16/17: *Teebearbeitung. Chinesisches Aquarell. Ende 18. Jahrhundert.*

zen unter ihren weiten gelben Gewändern versteckt und einfach über die Grenze geschmuggelt haben. Daran mag etwas sein, denn Zen Buddhisten schufen auch die ersten Tee-Rituale.

Sehr schnell wurde der Tee zum Nationalgetränk der Japaner. Es gab sogar eine Teesorte, die nur für die japanischen Kaiser angebaut wurde. Dieser Tee soll unvergleichlich gut geschmeckt haben. Aber noch über viele Jahrhunderte wußte die westliche Welt nichts von diesem wohlschmeckenden Getränk.

Tee-Ernte in Japan – ein seltenes Dokument über Tee in Japan. Aquarell der Kano-Schule aus dem 17. Jahrhundert.

Europa entdeckt das »China-Getränk«

Auch als das Zeitalter der großen Entdeckungen begonnen hatte, Marco Polo das Reich der Mitte bereiste, Europa zum erstenmal mehr über den Fernen Osten erfuhr und der Handel zwischen Ost und West auf dem Wasser und zu Land intensiviert wurde: Tee war nicht unter den fremdartigen Kostbarkeiten, vom Tee wurde nichts berichtet. Noch fast 300 Jahre sollten vergehen, ehe die ersten Berichte über ein Getränk, das man von den Blättern eines Strauches herstellen kann, Europa erreichten.

Portugiesen sind es, zu jener Zeit

führend im Entdecken und Erforschen des Fernen Ostens, denen dieser Ruhm zusteht: Der Gelehrte Gianbattista Ramusio, dessen Buch mit dem Titel »Navigationi et Viaggi« erst zwei Jahre nach seinem Tod, 1559 in Venedig erscheint, war der erste Europäer, der den Tee in seinen Reiseberichten erwähnte. Aber ein halbes Jahrhundert sollte noch vergehen, ehe die erste Teesendung selbst in Europa eintrifft: Man schreibt das Jahr 1610, und es ist ein holländisches Schiff, eines der Niederländischen Ost-Indischen Gesellschaft, das ein paar in Stoffballen eingenähte Säcke mit sich führt; der Kapitän hat sie in Java von einer chinesischen Dschunke übernommen.

Die Niederlande sind dann auch das erste Land, das der Tee sich erobert. Und die Holländer sind es, die ihn in die anderen europäischen Länder exportieren. In Frankreich ist er um 1636 bekannt, 1638 erreicht er Rußland über den Landweg mit einer Teekarawane.

England aber, die Nation, die Teegeschichte machen sollte, muß noch länger auf sein »Nationalgetränk« warten. Im Jahr 1600 wird zwar die englische *East India Company* gegründet, die ein Monopol auf den Handel mit dem Fernen Osten bekommt, aber

Jahre vergehen, und erst 1650 kommt der Tee nach England. Er wird zunächst ein Getränk für die Aristokratie, und als die portugiesische Prinzessin Catherine von Braganza nach England segelt, um König Charles II. zu ehelichen, hat sie in ihrem Gepäck vier Pfund chinesischen Tee als Hochzeitsgeschenk.

Die geringe Menge, die nach England eingeführt wurde, vor allem aber der horrende Preis des Getränks verhinderten seine Ausbreitung über einen kleinen exklusiven Kreis hinaus.

Man schreibt das Jahr 1657, als Thomas Garraway als erster durch eine Anzeige in einer Londoner Handelszeitung den Tee anpreist: »Jenes vorzügliche, von allen Ärzten anerkannte *China-Getränk,* das von den Chinesen Tcha, von anderen Nationen Tay alias Tee genannt wird, steht nunmehr zum Verkauf in der *Sultanes-Head,* dem Kaffeehaus in Sweetings Rents, ganz in der Nähe der Royal Exchange, London.«

Das Getränk wird also auch jetzt noch vor allem wegen seiner heilenden Kräfte angeboten.

Natürlich blieb das neue, fremde, das China-Getränk nicht ohne Widerspruch. Ein englischer Lordkanzler sieht in seinem Genuß eine »Demoralisierung der arbei-

tenden Bevölkerung« und will ihn durch Gesetz ausschließlich auf die »höheren Gesellschaftskreise« beschränkt wissen.
Was der »Popularität« des Tees immer noch im Wege steht, ist der hohe Preis. Als er schließlich durch die immer größere Einfuhr sank, belegte die Krone ihn mit hohen Steuern, was wiederum die Teeschmuggler auf den Plan rief. Über ein Jahrhundert dauerte der Kampf zwischen der Regierung und den Schmugglern, die beim ganzen Volk Unterstützung fanden. Man glaubt, daß schließlich die Hälfte des damals in England getrunkenen Tees Schmuggelware gewesen sei.

Trotz all dieser widrigen Umstände verbreitete sich die Sitte des Teetrinkens mit phantastischer Schnelligkeit. Die Kaffeehäuser von London schlossen eines nach dem anderen in der ersten Hälfte des 18. Jahrhunderts und wurden zu Teehäusern. Und als schließlich im Jahr 1833 das Monopol der East India Company erlosch, gab es kein Halten mehr. Ein ganzes Volk erkor das fernöstliche Elixier zu seinem Nationalgetränk.

Boston Tea Party

In Deutschland spielte der Tee damals noch keine Rolle; auch nicht bei den Ostfriesen, die spä-

Boston 1773. Beim blutigen Massaker in Boston schießt britisches Militär auf Neu-Engländer.

ter eine besondere Teekultur entwickelten.

Eine dramatische Rolle spielte der Tee in der amerikanischen Geschichte. Etwa um das Jahr 1650 brachten die Holländer den ersten Tee nach Amerika. Damals, zur Zeit des ersten Tees, standen die Amerikaner noch unter der Regentschaft des englischen Königs. Und der schröpfte seine Kolonien nach besten Kräften. Vor allem die von den Engländern erhobene Tee-Steuer erbitterte die Amerikaner derart, daß im Dezember 1773 rund 50 als Indianer verkleidete Bostoner drei englische Teesegler stürmten, die gerade in den Hafen eingelaufen waren. Sie warfen die gesamte Ladung – 342 Kisten Tee – über Bord. Mit dieser »Boston Tea Party« begann der amerikanische Unabhängigkeitskrieg.

Tee weckt den guten Geist und die weisen Gedanken.
Er erfrischt den Körper und beruhigt das Gemüt.

KAISER TSCHING-NUNG

Vom Strauch bis zur Tasse: Ein langer und komplizierter Weg

Der Teestrauch

Man unterscheidet *Thea sinensis,* den chinesischen Tee, und *Thea assamica,* den in Assam beheimateten Tee. Die Gelehrten sind sich bis heute noch nicht einig, ob nun der chinesische Tee oder der Tee aus Assam der »Ur-Tee« ist.

Läßt man sie wild wachsen, entwickelt sich die Teepflanze, ein immergrüner, weißblühender Busch aus der Gattung der Kamelien mit dunklen, lederartigen Blättern, zu einem Baum, der 15 m hoch wird. Der kultivierte Teestrauch ist bis zu 1,20 m hoch und muß in sorgfältiger Pflege regelmäßig beschnitten werden. Das erleichtert das Pflücken und zwingt den Strauch, in die Breite zu wachsen und immer neue Blätter und Blattknospen zu entwickeln. Nur für die Saatgewinnung läßt man die Sträucher hoch wachsen und blühen.

Der Teestrauch verlangt vor allem guten Boden und ein feuchtheißes Klima. Bekommt er viel Sonne und Regen, kann in den tiefgelegenen Plantagen alle sieben

Seite 32/33: *Beim Teepflücken.*

bis 14 Tage vom gleichen Busch geerntet werden. In den höher gelegenen Gebieten (er wird bis über 2000 Meter ü. M. in den Tropen gepflanzt), wo Nachtfröste nicht selten sind, wächst er nicht so rasch und kann nur von April bis November gepflückt werden. Diese Blätter aber gehören zu den teuersten Spitzensorten, sie besitzen einen besonders feinen und zarten Duft. Nach drei bis fünf Jahren hat sich die junge Teepflanze zu einem ergiebigen Teestrauch entwickelt. Mit zunehmendem Alter jedoch vermindert sich seine Produktionsfähigkeit.

Die Teeblätter stehen wechselweise am Ast. Gepflückt werden grundsätzlich die zwei jüngsten Blätter und die Blattknospe eines Triebes – »two leaves and a bud«. Für die Qualität des Tees ist nicht die Pflanze allein, sondern vor allem auch das Anbaugebiet (geographische Lage) mit seinem Klima und seiner speziellen Bodenbeschaffenheit entscheidend. Das Pflücken wird in der Regel von einheimischen Frauen besorgt. Eine geübte Pflückerin erntet am Tag bis zu 25 Kilo grüner Blätter, das ergibt etwa sechs Kilo fertigen Tee.

Die Wiegestelle ist zugleich der Sammelpunkt. Dort werden die grünen Schößlinge in Körben oder in Säcken in die eigentliche Fabrik auf der Plantage gebracht. Die grünen Blätter, die dort ankommen, haben keinerlei Geruch oder Geschmack. Der heute übliche Verarbeitungsprozeß für schwarzen Tee, wie wir ihn kennen, umfaßt folgende Schritte:

1. Das Welken

Durch das Welken wird das frische Blatt für die anschließende Weiterverarbeitung geschmeidig gemacht. Dabei verliert es etwa 30 % Feuchtigkeit. Das Welken erfolgt in Welktrögen, die mit Drahtgitter bespannt sind und mit Ventilatoren belüftet werden.

Gepflücktes Blattgut in Welktrögen.

Um die Aromastoffe optimal zu entwickeln, sollte das Welken schnell vor sich gehen und einer Erwärmung vorgebeugt werden. Der Vorgang dauert zwölf bis 18 Stunden.

2. Das Rollen

Nach dem Welken kommt das Blatt in große Rollmaschinen und wird jeweils für 30 Minuten mit und ohne Druck gerollt. Dabei werden die Zellwände des Blattes aufgebrochen, und der Zellsaft wird mit dem Sauerstoff der Luft in Verbindung gebracht (das Blatt verfärbt sich und wird dunkler). Bei diesem Vorgang entwickeln sich die ätherischen Öle, die dem Tee seinen speziellen

Duft und das spezielle Aroma geben. Anschließend wird das zusammengeklumpte Blatt in einer Rüttelmaschine aufgelockert und für die Fermentation vorbereitet.

3. Das Fermentieren

Die Fermentation ist ein Oxydations- und Gärungsprozeß des austretenden Zellsaftes. In kühlen feuchten Fermentationsräumen wird der Tee etwa 10 cm hoch ausgebreitet und verfärbt sich innerhalb von zwei bis drei Stunden allmählich kupferrot. Bei diesem Vorgang wird das Koffein aktiviert, während der Gerbstoffgehalt vermindert wird. Die Qualität des fertigen Tees hängt wesentlich von der richtigen Fermentation ab.

4. Das Trocknen

Auf ihrem Höhepunkt wird die Fermentation unterbrochen, und der Tee wird zum Trocknen in Heißluft-Etagentrockner gebracht. Innerhalb von 20–22 Minuten wird bei einer Temperatur von 85–88 °C aus dem feuchten kupferroten Blatt fertiger schwarzer Tee, der nur noch bis zu 6 % Feuchtigkeit enthält.

5. Das Sortieren und Packen

Nach dem Trocknen wird der fertige, aber noch warme Schwarztee möglichst schnell abgekühlt. Dieser Rohtee besteht allerdings aus einer Mischung verschiedener Blattgrade und muß nun über verschieden große Rüttelsiebe in die handelsüblichen Blatt- und Brokengrade sortiert und gegebenenfalls in einer Schneidemaschine (Cutter) zerkleinert werden. Das feinere Blattmaterial wird durch Stufensiebe in vier bis sechs Grade sortiert. Die Sortierungen sind eine Aussage über Blattgröße und Aussehen, nicht aber über Qualität. Diese wiederum hängt von vielen Faktoren wie Anbauland, Erntezeit und Klima ab.

Nach dem Sortieren wird das fertige Produkt in die seit über 50 Jahren bewährten Sperrholzkisten, die mit Aluminiumfolie ausgeschlagen sind, verpackt. So kann der überaus empfindliche Tee die Reise über die Meere unverändert überstehen.

Hebst du sie an die Lippen,
die Schale mit grünem Tee,
so siehst du deutlich auf
ihrem Grund
des Himmels Blau und
das Grau des Meeres.

RIKYU

Wo der Tee wächst: Hauptanbaugebiete und Sorten

Tee ist ein Produkt der Tropen und Subtropen. Er kann theoretisch überall dort angebaut und geerntet werden, wo die jährliche Niederschlagsmenge mindestens 100 Liter pro Quadratmeter aufweist. Die besten Sorten mit wirklich gutem, feinem Teegeschmack wachsen nur in höheren Lagen. Man kann sagen, je höher die Lage, um so besser das Aroma des Tees.

Lagen von 1000 bis 2000 Meter sind das Minimum, aber die wirklichen Spitzentees werden in den Plantagen über 2000 Meter Höhe gewonnen. Dort findet der Strauch das beste Klima: eine intensive Sonnenbestrahlung am Tag, in der Nacht große Abkühlung. Diese Kühle verlangsamt das Wachstum und läßt die Blätter des Strauches dafür um so zarter und gehaltvoller werden. Je langsamer das Blatt gewachsen ist, um so feiner der Wohlgeschmack, desto länger hält es sein Aroma.

Die Ernte erfolgt in diesen Lagen nur in den kurzen Jahreszeiten, wenn die Nächte kalt sind, und man nennt sie daher auch Kaltwettertees. Diese Tees, vor allem aus Indien und Ceylon, sind naturgemäß sehr knapp. Sie werden nur auf den Auktionen in Kalkutta und Colombo zum Verkauf angeboten und erzielen dort Preise, die drei- bis viermal so hoch sind wie der sonstige Durchschnittspreis für alle anderen Indien- und Ceylon-Tees. Englische Firmen, die sich auf solche besten Teequalitäten spezialisieren, ersteigern ihre Sorten an Ort und Stelle.

Die auf den Seiten 50–56 abgedruckte Aufstellung enthält diese Teesorten aus dem Hochland.

Die Haupteigenschaft all dieser

Seite 46/47:
Teeplantage in Reihenpflanzung (links).
Teeplantage am Hang (rechts).

Höhenlagen-Tees ist primär ihr feines Aroma; nicht das in jeder Teesorte enthaltene Koffein. Manche ziehen es vor, das Wort Thein zu benützen, doch ist es dasselbe wie Koffein. Nur ist die Wirkung des Koffeins im Tee auf den menschlichen Körper anders.
Was Ihnen beim Einkaufen sicher auffällt, sind die oft geheimnisvoll erscheinenden Abkürzungen hinter den Teesorten, zum Beispiel: DARJEELING G.F.O.P., SECOND FLUSH Darjeeling wäre dann die Sorte, die Bezeichnung der Herkunft, der Qualität. Die folgenden Buchstaben sagen Ihnen alles über die Klassifizierung, das heißt die Beschaffenheit des Blattes.

Das G steht für *Golden* oder auch *Golden Tips,* das sind die hellen, obersten Spitzen (der Teeknospe), die zarten, behaarten Triebe. F.O.P. steht für *Flowery Orange Pekoe,* was besagt, daß der Tee weiter das dünne, drahtige und nicht voll entwickelte Spitzenblatt enthält. *Second Flush* schließlich bezeichnet die Pflückzeit des Teeblattes, in diesem Fall die zweite Ernte. Insgesamt handelt es sich also bei der obigen Bezeichnung um einen milden, doch sehr aromatischen Hochlandtee mit heller, fast goldgelber Farbe in der Tasse, einen absoluten Spitzentee.

Die wichtigsten Klassifizierungen

I. Blatt-Tee, ganze Blätter

SOUCHONG – S.
Das dritte, etwas größere Blatt des gepflückten Teetriebes. Die gröbste Blattsortierung.

PEKOE – P.
Das zweite, ganz entfaltete Blatt des Teetriebes.

ORANGE PEKOE – O.P.
Das erste, ganz entfaltete Blatt, lang und zart.

FLOWERY ORANGE PEKOE – F.O.P.
Das erste, aber noch nicht voll entwickelte Blatt.

GOLDEN FLOWERY ORANGE PEKOE – G.F.O.P.
Das zarte, erste Blatt mit vielen hellen Spitzen der obersten Blattknospe; feinste Sortierung.

TIPPY GOLDEN FLOWERY ORANGE PEKOE – T.G.F.O.P.
Dünnes, kurzes Blatt mit sehr vielen hellen, obersten Blattknospen, den zarten, behaarten Trieben.

*II. Broken-Tee, gebrochene, zerkleinerte Blätter**

BROKEN PEKOE SOUCHONG – B.P.S. Kugelig gerolltes Blatt.

---

* Durch Rollen oder Schneiden zerkleinerte Blätter. Broken Tee ist nicht minderwertiger als Blatt-Tee, er ist sogar wesentlich ergiebiger.

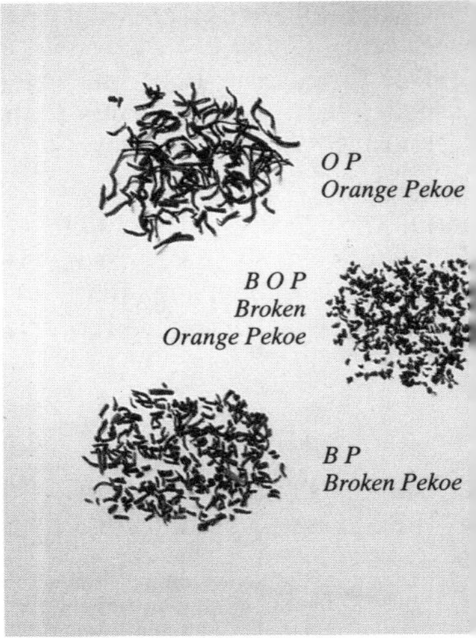
O P
Orange Pekoe
B O P
Broken
Orange Pekoe
B P
Broken Pekoe

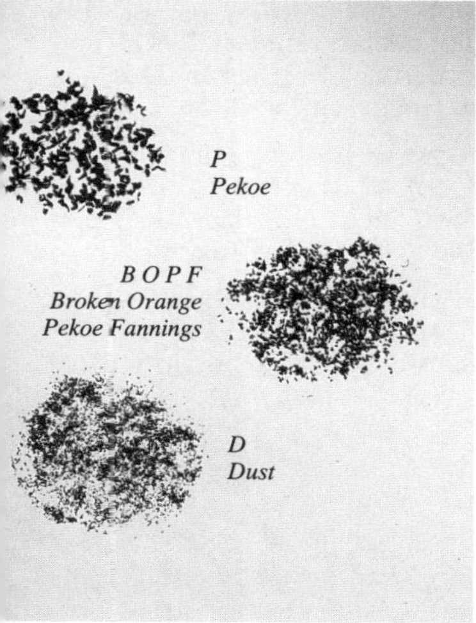
P
Pekoe
B O P F
Broken Orange
Pekoe Fannings
D
Dust

Broken Orange Pekoe – P.O.P.
Besonders kräftiger Tee; Hauptsortierung der Broken-Tees, die im Handel ist.

Flowery Broken Orange Pekoe – F.B.O.P.
Form und Qualität wie beim Blatt-Tee, nur in Broken-Form.

Golden Flowery Broken Orange Pekoe – G.F.B.O.P.
Feinste und aromatischste Broken-Sortierung.

Seite 52/53:
Das Bild zeigt die verschiedenen Blattgrade (Absiebungen) des Ceylon-Tees.

GUNPOWDER
Tee, dessen Blätter zu kleinen, den Schrotkörnern ähnlichen (daher der Name Schießpulver) Kugeln verarbeitet werden. Die so hergestellten Tees bilden – vor allem in China – häufig die Grundlage der künstlich parfümierten Tees.

FANNINGS
Kleine, körnige Teilchen des Tees, die häufig aus Blattrandteilen bestehen oder bei der Siebung der größeren Sortierung abfallen. Sie schließen sich besonders schnell auf – hoher Koffeingehalt! – und werden daher entweder als

Beimischung oder für Teeaufgußbeutel verwendet.

DUST
Die feinste aller Teesorten – künstlich zu *Staub* (daher die Bezeichnung) zerriebene Teeblätter. Wie die Fannings schnell löslich und sehr ergiebig. In Europa fast ausschließlich für Tee-Aufgußbeutel verwendet.

Schwarzer Tee I

(Ausgewählter Qualitätstee nach Herkunftsländern)

Tees aus Indien

Darjeeling
Lage: Südhänge des Himalaja-Gebirges um das Städtchen mit

gleichem Namen. 2000 Meter ü. M.
Erntezeit: April bis November.
Eigenschaft: Zartblumiger und milder Hochlandtee, duftig und hoch aromatisch, helle, goldgelbe Farbe.

Assam
Lage: Hochebene im Stromgebiet des Brahmaputra. Höhenlagen zwischen 1500 und 2000 Meter ü. M.
Erntezeit: Mai bis Januar.
Eigenschaft: Bedeutend kräftiger und würziger als der Darjeeling, von dunklerer Farbe.

First Flush Assam
Erntezeit: Mai bis Juli.

Eigenschaft: Sehr vollblumig, aber weniger kräftig.

Second Flush
Erntezeit: August bis Oktober.
Eigenschaft: Kräftig aromatisch. Für die restliche Erntezeit: Kräftiges Aroma, starker, dunkler Aufguß. Robust, ergiebig und Grundlage für viele Assam-Mischungen.

Dooas
Lage: Provinz westlich von Assam.
Erntezeit: Wie Assam-Tees.
Eigenschaft: Wie Assam-Tees, jedoch von nicht ganz so feiner Qualität.

Nilgiri
Lage: Berggebiet und Hochebene im Südwesten. Bis zu 2000 Meter ü. M.
Erntezeit: Januar bis März. Kaltwettertees der Spitzenqualität.
Eigenschaft: Kräftig bis herb.

Tees aus Ceylon

Uva
Lage: Distrikt in Ostceylon. Höchste Lage aller Ceylon-Tees mit über 2000 Meter ü. M.
Erntezeit: Februar bis August.
Eigenschaft: Hochlandtee, vergleichbar mit den Spitzenqualitäten des Darjeeling, aber von besonders herbem und kräftigem Geschmack.

Dimbula und **Dickoya**
Lage: Im Westen der Insel.
Erntezeit: Dezember bis März.
Eigenschaft: Typisch kräftiger bis herber Ceylon-Geschmack, stark aromatisch.

Nurelia
Lage: Hochland von Nuwara Eliya, der Wetterscheide zwischen den im Osten und den im Westen gelegenen Teegebieten.
Erntezeit: Dezember bis März.
Eigenschaft: Kräftiger, vollmundiger Tee.

Tees aus China

Yünnan
Lage: Osttibet, Höhenlage.

Erntezeit: April bis Juni, beste Qualität. Juli bis September, große Ernten.
Eigenschaft: Weich und mild, mit vielen Goldtips durchsetzte Spitzenqualität.

Keemun
Lage: Nordchina, Höhenlage.
Erntezeit: Wie Yünnan.
Eigenschaft: Angenehmer, leicht rauchiger Geschmack; schwarzes Blatt und dunkler Aufguß.

Pingsuey
Erntezeit: Wie Yünnan.
Eigenschaft: Dunkler Aufguß, aber weich und mild. Wie Keemun mit wenig Koffein und Gerbsäure, daher sehr bekömmlich.

Schwarzer Tee II

(Teesorten anderer teeproduzierender Länder. Unterschiedliche Qualitäten und oft nur als Zumischung verwendet.)

Indonesien
Sumatra und *Java:* Starke dunkle Tees, verwandt mit dem Assam; häufig in Blendings verwendet.
Ernten: Zu allen Jahreszeiten durch gleichmäßige Wärme und Feuchtigkeit.

Nepal
Zum Teil hochwertiger *Flowery Orange Pekoe* von den Hängen des Himalaja. Sehr gute Beimischung. Verträgt hartes Wasser.

Bangladesh
Tee mit leichtem Ceylon-Charak-

ter, jedoch erheblich milder im Geschmack; geringe Mengen.

Formosa

Lapsang Souchong: Großblättriger, starker, schwarzer Tee, häufig als Beimischung zu China-Sorten mit leichtem Rauchgeschmack verwendet.

Oolong: Mildes bis herbes Aroma mit hellem Aufguß; häufig als Basis für parfümierte Tees verwendet; nicht zu verwechseln mit China-Oolong.

Kintuck: Ein typischer Rauchtee.

Japan

Geringe Produktion; auf dem europäischen Markt weitgehend abgelehnt.

Türkei
Kräftiger, sehr preiswerter Tee aus der Gegend des Kaukasus. Dunkler Aufguß. Unbedeutende Mengen.

Rußland
Grusinen: Hinter den Höhen des Kaukasus; maschinengepflückter Tee mit geringem Anteil an Gerbsäure. Als schwarzer und grüner Tee; es gelangen nur geringe Mengen in den Export.

Tibet
In den Export kommen fast ausschließlich sogenannte Ziegel- oder Würfeltees, zu Stücken gepreßter Tee zu 70 Gramm; wird vor dem Zubereiten mit soge-

nannten Teereiben (meist aus Bambus) zerkleinert; eher ein dekoratives Geschenk als Tee.

Afrika

Kenia: Würzig und herb; fast Spitzenqualität durch die Lage der Plantagen in fast 2000 Metern Höhe am Mount Kenya.

Tanganjika: Kräftiger Tee, mit Tips durchsetzt.

Ostfriesischer Tee

Sachlich genommen eine falsche Bezeichnung für besonders kräftige Tee-Mischungen. Die Original-Mischungen bestehen aus kräftigen, hochklassigen Assams und besten, blumigen Darjeeling-Sorten unter Zusatz von Java-

und Sumatra-Tees. Sehr gehaltvoll und würzig. Dunkler Aufguß, daher fast immer mit abgeschöpftem Rahm und Kandiszucker getrunken. (Vorsicht vor »ostfriesischen Mischungen« ohne Angabe der Herkunftsländer.)

Grüner Tee
Man nennt ihn auch unfermentierten Tee. Es ist schwarzer Tee, der durch eine Methode hergestellt wird, bei der die übliche Fermentation nicht stattfindet. So bleibt sein Hauptcharakteristikum, die grüne Farbe des Tee-

Sorgfältig gepflückter und handgerollter Grüntee aus China. Getrocknet und in aufgegossenem Zustand.

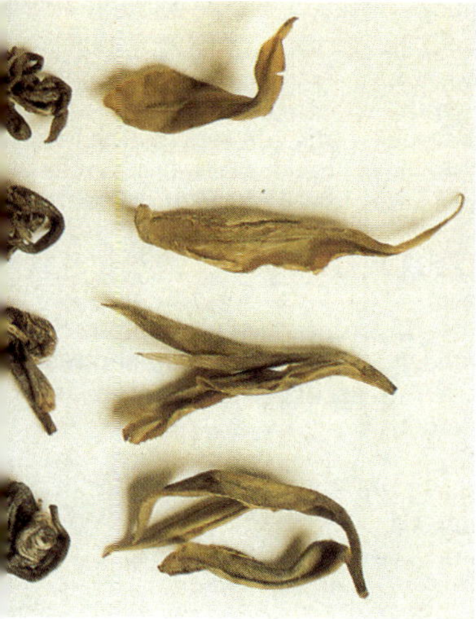

blattes, erhalten. Der Aufguß ist hell, fast farblos. Der Geschmack ausgesprochen herb bis bitter. Grüner Tee enthält von allen Tees den höchsten Anteil an Koffein, das ja bei der Fermentierung des Blattes teilweise zerstört wird.

Die Haupterzeuger und -verbraucher sind *China, Formosa* und *Japan.* In Europa fast ausschließlich in den chinesischen Restaurants oder in Spezialgeschäften zu erhalten.

Sehr beliebt beim grünen Tee sind Beimischungen von Jasmim- und Orangenblüten, Kirscharoma und marokkanischer Minze.

Halbfermentierter Tee
Ein nur kurz fermentierter Tee mit hellbrauner Blattfarbe. Der Aufguß ergibt eine helle bis mittlere Farbe. Nicht so bitter, aber noch ausgesprochen herber Geschmack. Auch diese Tees kommen fast ausschließlich aus China und Formosa, darunter vor allem die sogenannten Oolong-Tees. Auch hier gibt es Beimischungen, vor allem von Orangen- und Pfirsichblüten.

Parfümierter Tee
Die Basis aller dieser Tees ist schwarzer Tee. Zum Teil werden hervorragende Qualitäten als Grundmischung verwendet. Der

berühmteste dieser parfümierten – oder aromatisierten Tees – ist die Sorte *Earl Grey,* eine Spezialmischung mit dem stark duftenden Öl der Bergamotte-Frucht, einer Apfelsinenart.
Parfümierter Tee wird grundsätzlich wie »normaler« Tee zubereitet. Dennoch sollte man ihn nicht so lange ziehen lassen, da er sonst meist zu stark wird. Man sollte ihn auch nicht süßen, da die meisten dieser Tees eine starke Eigensüße besitzen.

Es gibt drei *Hauptgruppen* von diesen Tees:

FRUCHT-TEE
vermischt mit echten Frucht-

stücken, Schalen, Blättern oder natürlichen Ölen.

BLÜTEN-TEE
vermischt mit echten Blüten oder Blättern.

GEWÜRZ-TEE
Schwarzer Tee vermischt mit echten Gewürzen und anderen natürlichen Zusätzen, die meisten in geraspelter Form.

Ob ich morgen leben werde,
weiß ich nicht.
Aber daß ich, wenn ich morgen lebe,
Tee trinken werde, weiß ich gewiß.

G. E. LESSING

Der Geschmackssinn ist ihr Werkzeug: Teekoster und Teemischer

Den letzten Schliff erhält der Tee vor allem in den großen europäischen Teeimporthäfen Hamburg, Bremen, Rotterdam und London. Dort wird er nämlich gemischt.

Der Tee, die Sorten, die wir heute kaufen, stammen fast nie mehr aus einer einzigen »Lage«. Es handelt sich um Mischungen aus vielen Sorten.

Bevor die Broker auf den Auktionen die Ware Tee ersteigern, sind jene Teekoster am Werk, von de-

ren Zunge, von deren Nase und Augen und nicht zuletzt von deren Erfahrung der Ruf eines Hauses zum großen Teil abhängt.
Sobald die Teekisten in den Lagerhäusern eingetroffen sind, werden Proben der verschiedenen Tees an die interessierten Handelsfirmen geschickt, so daß sie Gelegenheit haben, vor dem Kauf die Sorten daraufhin zu prüfen, ob sie sich für ihre »Blends«, ihre Mischungen, eignen.
Jede der großen Import- und Packerfirmen beschäftigt ihre eigenen *tea taster,* wie man die Teeprüfer nennt.
Auf einem großen, langen Tisch stehen die Proben in flachen, mit

Folie ausgeschlagenen, offenen Schachteln. Jahrzehntelange Erfahrung gibt dem Teekoster schon aus dem Aussehen und der Beschaffenheit der Teeblätter Hinweise, welche Sorte in Frage kommen könnte. Wie sieht das trockene Blatt aus? Wie ist die Farbe? Sind genug Hüllblätter vorhanden – hellere Blätter im sonst dunklen Tee, die von der Blattknospe stammen? Hat sich auf dem Transport ein Fremdgeruch eingeschlichen, der das Aroma des Tees beeinflussen könnte? In erster Linie ist die Arbeit eines Teekosters eine Angelegenheit

»Tea Taster« auf dem Teegarten »Teesta Valley«, Darjeeling.

des Vergleichens und des Abwägens, wobei darauf zu achten ist, daß jeder Tee auf die gleiche Weise behandelt wird. Das heißt: Vor den Proben stehen Schalen, meist aus Porzellan, jedenfalls alle gleich in Material und Größe; für jede Probe wird stets genau die gleiche Menge Tee abgewogen; für alle wird das gleiche Wasser verwendet; die Aufbrühzeit – fünf Minuten – wird bei allen peinlich genau eingehalten. Das Überbrühen geschieht in gleich großen Porzellankännchen, aus denen die Proben dann in die Probierschalen gegossen werden. Jetzt kommt das eigentliche Kosten: Die Tester nehmen eine

Probe, trinken sie aber nicht, sondern spucken sie sofort wieder in bereitstehende große Spucknäpfe aus. Den meisten genügt eine Sekunde, und die Geschmacksnerven auf ihrer Zunge sagen ihnen, ob der Tee dem entspricht, was sie erwarten. Über jede Geschmacksnuance wird genau Buch geführt. Tea tasters sind hochbezahlte Fachleute, die oft mit Hunderten von Proben an einem Tag zu tun haben.

Aufgrund der Berichte der Teekoster wird der Tee dann von den Brokern ersteigert. Doch bevor er verkauft werden kann, muß der Tee gemischt werden.

Nun sind die *tea blender* am Zuge.

Sie erstellen das Rezept für das jeweilige Markenprodukt der jeweiligen Firmen. Ihre Blends bestehen aus bis zu 40 verschiedenen Teesorten, um eine möglichst gleichbleibende Qualität und ein möglichst gleichartiges Produkt zu bekommen.
Denn nur auf dem Weg der Mischung kann man die schwankenden Qualitäten der Ernten über das ganze Jahr ausgleichen. Sogar an die unterschiedliche Beschaffenheit des Wassers in den Verkaufsgebieten wird beim Mischen gedacht. Feine Tees leiden zum Beispiel unter kalkhaltigem Wasser. Kräftige Sorten dagegen schmecken auch beim härtesten Wasser noch gut.

Teekultur und Teegenuß

Geschirr und Zubehör

Rikyu gilt als der Mann, der die japanische Teezeremonie begründete und zur Hochblüte brachte. Dieser im 16. Jahrhundert lebende Japaner hatte auch seine genaue Vorstellung von den Utensilien und Requisiten, die der Zubereitung des Tees dienen. Seine Forderung nach unaufdringlicher Schönheit, nach Vollendung des Schlichten, läßt sich sehr wohl auf alle Gegenstände ausdehnen, die zum Teemachen gehören. Sie *dienen* dem Tee, müssen dem Tee ihre Reverenz erweisen, nicht umgekehrt. Der

Tee selbst bleibt die Hauptsache. Widmen wir uns zuerst den **Teedosen,** der Lagerung des Tees also. Nicht umsonst verwenden die großen Tee-Importeure so große Mühe beim Transport der Tee-Ernten aus den Subtropen nach Europa: Kisten aus dreifach geleimtem Sperrholz, zusätzlich mit Stanniol ausgeschlagen; klimatisierte Lagerräume auf den Schiffen. Das sollten auch Sie beachten: Feuchtigkeit und stark riechende Nahrungsmittel sind der größte Feind des Tees, der Feuchtigkeit und Gerüche leicht annimmt.

Mit den ersten Teesendungen Anfang des 17. Jahrhunderts ka-

Chinesische Teedose.

men auch schon Teebehälter nach Europa. Sie waren aus rotem Steingut in Topf- oder Krugform. Die Engländer machten sie bald nach, und so entstanden die berühmten *caddies* – formschöne, mit Deckel oder Stöpsel verschließbare Teedosen aus Porzellan, meist blau oder weiß.

Schon sehr bald wurden diese Dosen aus allen möglichen Materialien hergestellt. Sogar aus Silber, vor allem aber aus Weißblechen und in immer phantasievolleren Formen.

Der heute im Handel befindliche Tee ist gut verpackt – wenn man die Tütchen immer gut verschlossen hält. Besser bewahrt man den

Tee in den gut zu öffnenden und wieder verschließbaren Dosen auf.
Muß man eigentlich über den **Kessel** sprechen, in dem das Wasser für den Tee zum Kochen gebracht wird? Leider ja. Was für ein Gefäß Sie auch immer benützen, verwenden Sie möglichst keinen Aluminiumkessel! Er verdirbt den Geschmack von guten Teesorten, da das Aluminium mit der Gerbsäure des Tees – dem Geschmacksträger also – eine Verbindung eingeht, die dem Teegeschmack übel mitspielt.
Das gilt auch für alle **Teekannen.** Kein Metall! Die Teekanne sollte aus glasiertem Steingut sein, aus

Keramik oder Porzellan. Nur wenn sie wirklich täglich benützt wird, darf sie auch aus rostfreiem Stahl oder Emaille sein, was im übrigen auch für die aus Silber gilt; Silberkannen sollte man nur bei täglicher Benutzung verwenden.

Sauberkeit im Zusammenhang mit den Tee-Requisiten heißt nicht, daß Ihre Teekanne jedesmal geschrubbt oder mit einem chemischen Spülmittel gereinigt wird. Lassen Sie ihr ruhig ihre Patina, den dunklen Besatz, der sich mit der Zeit an den Innenwänden bildet. Er fördert das Aroma. Spülen Sie sie aber öfter mit klarem, kaltem Wasser aus und –

Sitzende Porzellanfigur als Teekanne, mit Frosch als Deckel. Kanghsi-China, 1662–1723.

aber das ist eigentlich selbstverständlich: Ihre Teekanne hat einzig und allein dem Tee zu dienen. Immer mehr durchzusetzen scheinen sich **Teefilter.** Sie funktionieren wie der Kaffeefilter: Der in einer Teemühle feingemahlene Tee wird in einem Teefilter mit heßem Wasser überbrüht. Es sollten aber in jedem Fall Teefilter verwendet werden; in ihnen entfaltet sich das Aroma besser als in Papierfiltern.

Über das **Tee-Ei** – gleich aus welchem Material – Ihnen an dieser Stelle noch etwas zu sagen, erübrigt sich sicher: Sie geben den Teeblättern, deren Volumen sich durch das kochende Wasser auf

das Dreifache vergrößert, nicht genug Raum zur Entfaltung.
Auch vor **Teesieben** – gar aus Plastik – sei eindringlich gewarnt; nehmen Sie lieber die »Fischchen« in Kauf, die ohnehin bei richtiger Zubereitung des Tees kaum auftreten.
Im Grunde ist damit auch die Frage, ob man sogenannte **Teestövchen** oder **Teehauben** verwenden soll, beantwortet. Brühen Sie lieber eine neue Kanne Tee auf.
Über das **Teegeschirr** könnte man ganze Bücher schreiben, und es sind viele geschrieben worden. In den meisten Museen gibt es ganze Abteilungen, die nur die-

sen Kostbarkeiten vorbehalten sind. Die berühmtesten Künstler und fast jede Manufaktur haben sich daran versucht.
Aus China stammten die ersten Tassen und Kannen. Sie wurden in den Anfängen zusammen mit dem Tee nach Europa geschickt. Die Europäer tranken ihn nach China-Sitte, aus henkellosen Tassen, die zwischen Daumen und Zeigefinger gehalten wurden. Die ersten Teekannen aus dem Reich der Mitte – kleine rotbraune Kannen aus unglasiertem Ton, die in Yi-Hsing, nahe dem heutigen Shanghai, hergestellt wurden – inspirierten englische und holländische Töpfer. Und gegen Ende des

17. Jahrhunderts war es vor allen Dingen der Ort Delft, der den europäischen Markt mit »chinesischen« Teekannen überschwemmte. Der große Nachteil der sogenannten Delfter Ware aus glasiertem Ton: Sie war viel zu weich, um kochendheißen Flüssigkeiten zu widerstehen.
Zur gleichen Zeit entdeckten in England, in North Staffordshire, die holländischen Brüder Elers eine Tonart, die sich sehr dünn ausarbeiten ließ, keine Glasur verlangte und dennoch hart genug war, um in heißen Flüssigkeiten zu bestehen. Der Siegeszug der englischen Teegeschirre begann.

Dennoch wurden die wirklich qualitätsvollen Teekannen und -tassen weiterhin aus China importiert. Dieses änderte sich erst, als man auch in Europa das »weiße Gold« entdeckte – die Herstellung von **Porzellan,** die bis dahin ein chinesisches Monopol gewesen war. 1710 wurde das Porzellan zum erstenmal auf der Leipziger Messe angeboten. Bald stellten alle europäischen Manufakturen es her. Die Herstellungskosten konnten rasch gesenkt werden, und mit der fast gleichzeitigen Kostensenkung des Tees selbst hatte das einen großen Einfluß auf die Sitte des Teetrinkens. Die »chinesischen Formen« blie-

Frühes Meißener Porzellan in strahlendem Weiß. Meißen um 1730.

ben vorerst marktbeherrschend. Man kopierte noch immer die fernöstlichen Muster. Es gab Kannen in Form von Häusern, von Tieren – Kamelen und Eichhörnchen. Ovale, runde, zylindrische Formen wetteiferten miteinander. Doch zweifellos eignet sich für den Tee die *runde Form* der Kanne am besten.

Was ist nun für uns wichtig? Einmal: Wir sollten dem Tee sein eigenes Geschirr gönnen. So, wie die Kanne ausschließlich für Tee benützt wird, so sollten auch die Tassen dem Tee vorbehalten bleiben und nicht auch für Kaffee verwendet werden. Ansonsten gibt es eine goldene Regel:

- *Für alle Tees aus Ceylon und die schweren Assam-Sorten eignen sich am besten größere 1/4-Liter-Tassen, die auch aus gutem Steingut sein können.*
- *Für den zarten chinesischen oder Darjeeling-Tee sind 1/8-Liter-Tassen aus dünnem Porzellan die besten.*

Das richtige Wasser

Aussehen, Geschmack und Aromaentwicklung des Tees werden in der Hauptsache vom Wasser und vom Aufguß bestimmt. Wenn Sie Ihren Tee in ausgesprochenen Tee-Fachgeschäften einkaufen, wird Ihnen der Verkäufer raten können, welche Sorten sich mit »Ihrem« Wasser am besten vertragen.

Mit **weichem Wasser** können Sie unbesorgt die zarten, aromareichen chinesischen und Darjeeling-Sorten wählen. Bei **hartem Wasser** setzen sich kräftige Tees wie Assam- und Ceylon-Sorten gut durch. Variieren Sie auch einmal die Menge Tee je Kanne: Da das Wasser je nach Ort verschieden ist, erzielt man durchaus nicht überall das gleiche Ergebnis mit derselben Menge. Etwas mehr Tee hilft manchmal.

Warum spielt das Wasser eine so wichtige Rolle bei der Zubereitung des Tees? Unser Leitungswasser hat verschiedene »Zutaten«: Chlor, Kalk, Magnesiumsalze und – gar nicht so selten – winzige Rostteilchen. Je höher die Qualität der Teesorte, um so mehr leidet das Aroma unter der Beschaffenheit des Wassers. Der Geschmack kann entscheidend vermindert werden, aber auch Aussehen und Farbe.

Kalk bestimmt die Härte des Wassers. Je höher der Kalkgehalt, um so betroffener sind die zarten Teesorten. Sie können sich bei Ihrem Wasserwerk erkundigen, wie hoch der Kalkgehalt des Wassers in Ihrer Stadt ist. Er wird nach Graden gemessen; alles, was unter 8 Grad liegt, ist eine für den Tee erträgliche Menge.

Härtebereich	*Wasserhärte*	
1	0–7°	weich
2	7–14°	mittel
3	14–21°	hart
4	über 21°	sehr hart

Manche leidenschaftlichen Teetrinker helfen sich mit vorgeschalteten Wasserfiltern, die das Wasser entkalken und entchloren. Andere verwenden Mineralwasser, ohne Kohlensäure, aus der Flasche. Wieder andere haben geheime Quellen, wo sie frisches Regenwasser beziehen. Von Edgar Wallace erzählt man sich, daß er keine Reisen unternahm, ohne »seinen« Tee und »sein« Wasser mitzunehmen.

Einige Sünden bei der Zubereitung des Tees sollten Sie auf jeden Fall vermeiden. Denn das beste, klarste und weichste Wasser nützt Ihnen nichts, wenn Sie folgendes nicht beachten:

- Nehmen Sie nie Wasser aus einem Boiler!
- Hat das Wasser in den Rohren gestanden, lassen Sie es zuerst eine Minute lang laufen.
- Verwenden Sie nie Wasser, das schon einmal gekocht hat.
- Das Wasser muß kochen, wenn Sie es aufgießen. Wasser, das nicht richtig gekocht hat, kann niemals alle die Bestandteile aus den Teeblättern ziehen, die wichtig sind. Tee entfaltet sein

Aroma erst bei echten 100 Grad; wenn das Wasser also nicht wirklich kocht, wenn die Kanne nicht vorgewärmt ist, dann haben Sie am Boden der Kanne unter Umständen zehn oder 20 Grad zuwenig Hitze. Darum gilt der Grundsatz: Nie mit dem Kessel zur Kanne gehen, sondern immer umgekehrt: Bringen Sie Ihre Teekanne zum Kessel!

- Überbrühen Sie den Tee nicht zu schnell! Man sollte *das Wasser langsam über den Tee gießen,* damit sich nicht zuviel Luft mit dem Tee vermischt, denn Luftzutritt zum Tee zerstört einen Teil des Geschmacks.

Die Kunst der Zubereitung

Wenn Sie die folgenden Regeln beherzigen, werden Sie aus jedem guten Tee das Beste herausholen, das er zu geben vermag.

Fünf goldene Regeln für die Teezubereitung

1. Die Teekanne, die ausschließlich zur Bereitung echten Tees dienen soll, vor Gebrauch mit heißem Wasser vorwärmen.
2. Nehmen Sie für jeden Viertelliter Wasser einen Teelöffel Tee. Für *Broken* verwenden Sie einen *gestrichenen,* für Blatt-Tee einen *gehäuften* Teelöffel. Die englische Sitte, *one for the pot,* das heißt, einen zusätzlichen Teelöffel »für die

Kanne« bei einem Fassungsvermögen von einem Liter, hat nur Sinn, wenn Sie den Tee sehr stark mögen.

3. Frisches, kaltes Wasser zum Kochen bringen und sprudelnd auf den Tee gießen. Verwenden Sie ein Kochgeschirr, das nur zum Wassersieden gebraucht wird.
   (Ob das Wasser ausreichend heiß gewesen ist, sieht man daran, daß die Blätter zuerst an die Wasseroberfläche steigen und während des Ziehens auf den Grund der Kanne sinken.
4. Lassen Sie den Tee drei Minuten (anregende Wirkung, mil-

der Geschmack) oder fünf Minuten (beruhigende Wirkung, herber bis bitterer Geschmack) ziehen.

5. Den Tee umrühren und abgießen. Je nach Geschmack mit Milch, Zucker oder weißem Kandis servieren.

   Jede *gute* Teesorte ist *ohne* Milch oder Zucker ein Hochgenuß. Auf englische Art wird der Tee mit frischer, kalter Milch getrunken, vor allem bei kräftigen indischen und Ceylon-Sorten. Wenn Sie Milch verwenden, die Milch vor dem Tee in die Tasse gießen.

   Zucker verändert das Aroma des Tees – wie auch Zitrone –

völlig. Oder, um es noch deutlicher zu sagen: Zucker im Tee trägt wesentlich zur Verflüchtigung des Aromas bei und sollte daher – besonders bei feinen Teesorten – nicht genommen werden. Wenn Sie das herbe Aroma des Tees ausgleichen wollen, essen Sie zum Tee den Zucker in Form von Süßigkeiten, Pralinen, Backwerk u. ä.

Tee zu servieren, zeugt für Geschmack für das Erlesene, denn Tee macht gesellig und höflich – er ist anregend und bescheiden.

JOHN GALSWORTHY

Fernöstliches: Teezeremonie in Japan

Tee ist eine Weltanschauung. Eine bestimmte Art, zu leben, die Dinge zu sehen. Sie drückt sich am klarsten in der japanischen Teezeremonie aus, so wie sie heute noch geübt wird.

Warum Tee? Warum gerade diese bernsteinfarbene Flüssigkeit? Kakuzo Okakura, dessen *Buch vom Tee* – 1906 erschienen – zu einem Klassiker geworden ist, sagt: »Tee hat nicht die Arroganz des Weines; nicht das Selbstbewußtsein des Kaffees; noch die kindliche Unschuld des Kakaos. Im Geschmack des Tees liegt ein zarter Charme, der ihn unwiderstehlich macht, gerade dazu einlädt, ihn zu idealisieren.«

Das **Cha-no Yu,** die japanische Teezeremonie, entstand aus dem chinesischen Zen-Ritual. Doch während dieses in China verkümmerte, hielten es die Japaner seit dem 15. Jahrhundert lebendig.

Und die Teezeremonie der Japaner war jene Gelegenheit, bei der Gastgeber und Gast sich zusammenfanden, um die vollendete Schönheit des Weltlichen zu demonstrieren. Der Teeraum ist die Oase, wo die müden Wanderer sich zusammenfinden, um das »goldene Elixier«, die »Quelle der Selbstfindung« zu sich zu nehmen. Okakura sagt von dem Raum, in dem diese Teezeremonie der Japaner stattfindet: »Er ist eine Stätte der Phantasie als vorübergehende Herberge religiösen Gefühls.« Der eigentliche Teeraum – der **Sukiya** – ist von äußerster Einfachheit. Seine Größe ist genau festgelegt: »Viereinhalb Bodenmatten« aus Bast; drei Meter dreißig im Quadrat. Nicht mehr als fünf Personen sollen sich dort versammeln.

In einem dazugehörigen Vorraum, der **Mizuya,** werden alle für die Zubereitung des Tees notwendigen Utensilien gereinigt, ehe man sie hereinträgt. In einer

Art Portiko, der **Machiai,** haben die Gäste zu warten. Ein schmaler Gartenweg, der **Roji,** verbindet den **Machiai** mit dem Teeraum. Dieser Weg ist ein wichtiger Bestandteil der Teezeremonie: Er soll die Verbindung mit der äußerlichen Welt unterbrechen. Man läßt den Staub der Städte und der Zivilisation hinter sich; der **Roji** ist symbolisch der Pfad zum ersten Stadium der Meditation, der Weg zur Selbsterkenntnis.

So vorbereitet, betreten die Gäste den Teeraum, leise und schweigend. Sie müssen sich bücken, denn die schmale Tür zum **Sukiya** darf nach der Tradition nicht hö-

Japanische Teeschale des 19. Jahrhunderts.

her als 70 Zentimeter sein, symbolisierend, daß groß und klein gleich sind. Sie nehmen ihre Plätze ein, einer nach dem anderen, nicht ohne zuerst dem Gegenstand auf dem **Tokonona** – einer Art Ehrenplatz oder Hausaltar in jedem japanischen Raum – durch eine Verbeugung ihre Ehrerbietung zu erweisen.

Die Gäste einer Teezeremonie sind angehalten, in Kleidern mit möglichst unauffälligen Farben zu erscheinen. Haben sie Platz genommen, warten sie schweigend, bis als letzter der Gastgeber den Raum betritt. Wenn die Gäste den Raum betreten, hängt der Wasserkessel bereits über der in der Mitte des Raumes ausgesparten Feuerstelle. Neben dem Gastgeber liegen die zur Zeremonie notwendigen Dinge bereit: der Tee in verzierten Dosen, die Schalen, aus denen getrunken wird, die Bambuskelle, mit der er aus dem Kessel geschöpft wird. Wie alt und oft benützt die Gegenstände auch sein mögen, alles ist von einer makellosen Reinlichkeit.

Dann wird der Tee gereicht. Jede Bewegung ist vorgeschrieben, das Einschenken, die Art, wie die Schale mit beiden Händen an den Mund geführt, wie sie niedergesetzt wird. Die Gäste trinken zuerst, zuletzt leert der Gastgeber seine Schale. Jetzt darf auch gesprochen werden. Die leise Unterhaltung dreht sich um einfache

Dinge. »In jedem Fall«, meint Okakura, »soll die Unterhaltung so geführt werden, daß keine Schatten auf die Harmonie der Umgebung fallen.« Die Worte wie die Kleidung, die Haltung und die Gebärden der Beteiligten sollen Schönheit ausdrücken: »Denn wenn einer sich selbst nicht in der Schönheit übt, hat er kein Recht, sich dem Schönen zu nähern.«

Tee ist ein Kunstwerk und braucht eines Meisters Hand, um seine edelsten Eigenschaften zu offenbaren. Das wahrhaft Schöne muß immer darin enthalten sein.

KAKUZO OKAKURA

Tea Time in England: mehr als eine Tradition

Die Engländer haben aus dem Teetrinken weit mehr als eine Tradition gemacht. Sie haben es zu einer Lebensart stilisiert. So trinkt der Brite jeden Tag im Durchschnitt sechs Tassen Tee. Jede Tasse wird zu etwa einem Fünftel mit ungekochter Milch gefüllt, dann wird der Tee eingegossen – so erspart man sich das Umrühren.

Als Ausdruck des guten Geschmacks und als Quelle der Geselligkeit wurde der Tee in allen Gesellschaftsschichten bald unentbehrlich. Und von nun an wurde der Tagesablauf vom Rhythmus der *Tea Time* bestimmt.

Als eine Kunst, die strengen Regeln gehorchte, erreichte das Teetrinken die höchste Verfeinerung in den Familien der Oberschicht. Zweifellos hat nirgendwo auf der Welt ein Getränk auf so angenehme Weise den Tagesablauf eines ganzen Volkes bestimmt. Das beste Beispiel dafür ist vielleicht der *Early Morning Tea,* meist ein rassiger, stark duftender, belebender Ceylon, den man gleich nach dem Aufwachen oft noch im Bett und vor der Morgentoilette trinkt. Man beginnt also den Tag unter dem Zeichen des Tees.

Auf den Early Morning Tea folgt noch das *Breakfast.* Und zum Frühstück wird selbstverständlich wieder Tee getrunken, jetzt eine gute Mischung von Indien-Tee mit der Vorherrschaft eines weichen, sanfteren Dooars.
Der spektakuläre Aufschwung, den der Tee in England nahm, ist eng mit dem der *Coffee Houses* verknüpft, in denen nach Bekanntwerden des Tees in England dieses Getränk ausgeschenkt wurde. Im 17. und 18. Jahrhundert waren diese Einrichtungen unbestritten die Zentren des geselligen Lebens in England. Hier traf man

Seite 114/115:
Der englische Hochadel beim Frühstück.

sich, um zu plaudern und zu diskutieren. Gegen Ende des 18. Jahrhunderts trank man fünfzehnmal mehr Tee als am Anfang, und in den letzten 15 Jahren des Jahrhunderts verdoppelte sich der Verbrauch noch einmal.
Diese Vorliebe für Tee brachte mit sich, daß bereits in der zweiten Hälfte des 18. Jahrhunderts in London die ersten Teegärten entstanden. In diesen *Tea Gardens* vergnügten sich die Londoner aus allen Schichten. Nachdem man sein Eintrittsgeld entrichtet hatte, konnte man dort tagsüber und abends so viel Tee trinken, wie man wollte.
Im Jahre 1840 hat Anna, die sie-

Londoner Teegarten um 1820.

bente Herzogin von Bedford, den *Afternoon Tea* ersonnen, um den kleinen Hunger zu stillen, der unweigerlich zwischen Lunch und Dinner auftrat. Den Afternoon Tea nahm man damals zu Hause um vier Uhr ein. (Seit Beginn des 20. Jahrhunderts geschieht dies erst gegen fünf Uhr nachmittags, und nichts kann den Engländer daran hindern, seinen Nachmittagstee zu trinken.) Im Winter wurde der Afternoon Tea vor dem Kamin im Salon eingenommen, im Sommer trank man ihn im Garten unter schattigen Bäumen. Im Afternoon Tea verbanden sich schnell guter Geschmack, feine Lebensart und

Geselligkeit. Sehr bald bildeten sich feste Regeln dafür aus: elegante, aber bequeme Kleidung, prächtige Tischdecken und kostbares Teegeschirr aus Silber oder chinesischem Porzellan. In guten Häusern wurde übrigens nur indischer oder Ceylon-Tee serviert.
Auch für die Art der zum Afternoon Tea gereichten Speisen entwickelten sich feste Regeln, die noch heute Gültigkeit haben. Es mußten unbedingt kleine Sandwiches sein, dazu kamen *Shortbread* (Sandgebäck) und *Scones* (süße oder salzige Teebrötchen), Konfitüren, verschiedene Teekuchen und *Sponge Cakes* aus leichtem Biskuit.

Auf dem Land wurde der Afternoon Tea bald zur Hauptmahlzeit. Man nahm ihn ein, wenn man von der Feldarbeit nach Hause kam.

Auf den eleganten und vornehmen Landsitzen wurde der Afternoon Tea im kleinen Salon, auf der Veranda oder im Gartenhaus serviert. Man begann dort, den Tee in Tassen aus englischem Porzellan von Wedgwood, Spode oder Minton zu trinken. An heißen Sommernachmittagen erfrischte man sich mit Eistee und kleinen Sandwiches.

In den unteren Schichten und in den bürgerlichen Schichten der Städte wurde der Nachmittagstee

zu einer richtigen Mahlzeit, zu der es mit Fleisch, Fisch oder Käse handfest belegte Brote gab. Falls man den Tee nicht zu Hause einnahm, konnte man in London in die *Tea Houses* gehen.
Auch die sittenstrenge Königin Victoria führte im Buckingham-Palast offiziell den Brauch der Tea Time ein. Der Tee – und der Whisky – war ihr Lieblingsgetränk. Während ihrer ganzen Regierungszeit von 64 Jahren unterstützte Queen Victoria die *Tea Moralities,* bei denen die Ärmsten der Armen von Wohltätigkeitsvereinen rund um eine Tasse heißen Tee versammelt wurden.
Auch ein ganz anderer Brauch

entstammt dieser Zeit der industriellen Revolution: die Arbeitspause in der Mitte des Vor- und des Nachmittags. In dieser Zeit konnten die Arbeiter und die Angestellten ihren Tee trinken und eine Kleinigkeit essen.
Wenn man heute noch das vollständige Ritual des Afternoon Tea erleben möchte, dann muß man in die Salons der Grandhotels gehen. Der Afternoon Tea wird auch heute noch täglich im Ritz, im Waldorf, im Savoy oder in Brown's Hotel zelebriert. Darjeeling oder Earl Grey wird den Gästen, die der Gelegenheit angemessen gekleidet sind, stilvoll in feinem Porzellan an Marmorti-

Der zweite Earl Grey, nach dem der mit Bergamotteöl aromatisierte Tee benannt ist.

schen serviert. Eine stets gleichbleibende Auswahl von *Finger Sandwiches,* immer genau einen Inch breit und von einem hervorragenden »Sandwich-Chef« bereitet, wird den Gästen gereicht.
Aber der Afternoon Tea, selbst in einer für heute sinnvoll vereinfachten Form, bleibt dennoch für die meisten Engländer ein besonderer und unverzichtbarer Moment.
Kann man den Tee-Enthusiasmus einer ganzen Nation deutlicher dokumentieren als der britische Staatsmann William Ewart Gladstone, der bekanntlich seine nächtliche Wärmflasche mit besonders gutem Tee füllen ließ?

Teemarken

In Spezialgeschäften, im Lebensmittelhandel und in den entsprechenden Abteilungen großer Kaufhäuser findet man eine Vielzahl von Markentees.

Lipton
Bereits 1880 führte der Engländer Sir Thomas Lipton die erste Teemarke ein, die heute nach wie vor die Nummer eins auf dem Weltmarkt und im Lebensmittelhandel erhältlich ist: Lipton-Tee. Beliebte Tees dieser Marke sind Best English, Rich Assam, Delicate Darjeeling, Finest Earl Grey, Pure Ceylon, Yellow Label.

Meßmer Tee
Diese Marke hat eine über hundertjährige Tradition und steht für höchste Qualität. Angeboten werden Traditionstees wie Assam, Ceylon und Darjeeling, Länderspezialitäten wie China Yünnan, China Gunpowder, Java und Ostfriesische Mischung. Eine Anzahl aromatisierter Schwarztees rundet das Sortiment ab.

Milford Tea
Diese Tees sind in allen gängigen Sorten, aromatisiert, lose und abgepackt erhältlich. Sie sind eine preisgünstige Alternative mit einem jungen Image.

Onno Behrends
Die Marke ist besonders in Norddeutschland und vor allem in Ostfriesland beliebt. Diese Tees – mit Kluntje und Sahne getrunken – entsprechen ganz dem ostfriesischen Geschmack.

Ostfriesische Teegesellschaft
Zu der ostfriesischen Teegesellschaft gehören die drei bekannten deutschen Marken Meßmer Tee, Onno Behrends Tee und Milford Tea.

Teekanne
Das Stammhaus dieser Firma wurde 1882 in Dresden gegründet. Sie war eine der ersten, die den bisher lose gehandelten Tee

in geschlossenen Packungen verkaufte und so vor Aromaverlust und fremden Geschmackseinwirkungen bewahrte. Nach 1945 wurde der Firmensitz nach Düsseldorf verlegt. Die Tees werden unter den Namen TEEKANNE und SIR WINSTON vertrieben. Sie sind ausschließlich über den Lebensmittelhandel erhältlich.

Twining
Die Tees dieses englischen Handelshauses, das eine der ältesten Teefirmen überhaupt ist, sind weltbekannt und bei uns in allen gutsortierten Lebensmittelgeschäften erhältlich. Besonders beliebt sind die Mischungen Earl Grey und English Breakfast.